DAS Buch für den Mann

Du musst die Frau nicht verstehen können, aber du musst ihr das Gefühl geben, dass sie verstanden wird.

Sandra Liliana Schmid

DAS Buch für den Mann

5 Geheimnisse für eine erfolgreiche Beziehung

Bibliografische Information der Deutschen Nationalbibliothek: Die Deutsche Nationalbibliothek verzeichnet diese Publikation in der Deutschen Nationalbibliografie; detaillierte bibliografische Daten sind im Internet über http://dnb.dnb.de abrufbar.

1. Auflage 2017
2. Auflage 2022

© 2017 Sandra Liliana Schmid
www.SandraLilianaSchmid.com

Herstellung und Verlag: BoD – Books on Demand, Norderstedt

ISBN: 978-3-7431-8230-1

Inhaltsverzeichnis

Was bringt dir dieses Buch..........................8
Wie dieses Buch funktioniert......................10
Ein bisschen über mich............................14

🗝 1: Was ist das Wichtigste, das Frauen
brauchen?...21
 Die Frauen brauchen dringend................21
 Und so gibst du ihr das........................22

🗝 2: Dein wichtigstes Werkzeug ist das
«stille Zuhören»............................... 24
 Fazit.. 25

🗝 3: 15 Dinge, die du unbedingt tun
solltest...27

🗝 4: 15 Dinge, die du NIE tun solltest..........31

🗝 5: Löse Alltagsherausforderungen in
eurer Beziehung.................................37
 Kontrolliert oder verbessert sie dich
  dauernd?..38
 Wenn ihre ewige Fragerei anstrengend
  und mühsam ist.............................. 39
 Sie überfordert sich und lässt die
  schlechte Laune an dir aus................. 41
 Was heißt das nun aber für DICH?............. 42
 Was sind die heranwachsenden Konse-
  quenzen daraus?..............................44
 So löst du dieses Problem.....................46
 Erkenne Warnsignale.........................48
 Und so rettest du die Situation............. 49
 Wenn du deine Ruhe oder deinen
  Freiraum brauchst.............................51

5

Reagiere richtig, wenn sie sagt................53
  «Du hörst mir überhaupt nicht zu!».........53
  «Ich habe das Gefühl, du bist gar nicht richtig da!»....................................54
  «Du sorgst dich nicht um mich!»............54
  «Ich habe das Gefühl, ich bin dir überhaupt nicht wichtig!»...................55
  «Am liebsten würde ich über gar nichts mehr nachdenken müssen!»................56
  «Du hast überhaupt kein Herz.»..............56
  «Nie gehen wir aus!».........................57
  «Ich bin so unglaublich müde. Ich kann einfach nicht mehr ...»...................57
  «Nie hört mir jemand zu!».................59
  «Bei uns zuhause ist immer so ein Saustall!»......................................60
  «Alles geht schief, nichts funktioniert richtig!»..61
  «Du liebst mich überhaupt nicht mehr!»....62
  «Ich hätte es gerne wieder mal etwas romantischer/ entspannter.»................63
  «Wie konntest du das nur vergessen?!».......65
  «Wie konntest du nur so spät kommen?!»...65
  «Wie konntest du das tun?!»..................66
  «Warum bin ich dir nicht wichtig?».........67
  «Warum hörst du mir nie zu?»...............68
  «Wie soll ich wissen, was in dir vorgeht? Nie sprichst du mit mir darüber.».........68
  «Machst du dir überhaupt noch etwas aus mir?».................................69
Was meinen Frauen?....................................71
  Hier die Antworten aus der Umfrage........71

«Was stört dich an Männern?».............…... 71
«Was wünscht du dir von einem Mann?».….... 73
Schlusswort und Glückwunsch..................... 76
Hier findest du mich................................ 77
Quellennachweis.....................…...........78
DAS Buch für die FRAU.......................... 79

Was bringt dir dieses Buch

Dieses Buch lüftet Geheimnisse und gibt dir klar strukturierte und lösungsorientierte Anleitungen und Werkzeuge, damit du eine glückliche, erfüllende, bereichernde und liebevolle Beziehung mit Anerkennung, Vertrauen, Freiraum, gutem Sex und frei von Vorwürfen und Machtkämpfen genießen kannst. Eine Beziehung, in der du erfolgreicher und begehrenswerter bist. Dieses Buch bringt euch näher und ermöglicht dir eine Partnerschaft, die besser funktioniert und in der ihr beide glücklich seid. Das ist doch genau das, was du dir wünschst, oder? Ja, und darum habe ich dieses Buch geschrieben. Damit mehr Männer und dadurch auch mehr Frauen endlich eine glückliche, liebevolle und erfüllende Beziehung leben können. Denn zu traurig sind die herrschenden Enttäuschungen, die gegenseitigen Verletzungen und die entstehende Einsamkeit, die über kurz oder lang zur Trennung führen. Mit diesem Buch hast du die Möglichkeit, alles zum Guten zu wenden. Die lösungsorientierten Werkzeuge, die du hier finden wirst, werden eure Beziehung enorm bereichern, deine Partnerin glücklich und dich begehrenswerter und aus dir IHREN wahren Helden machen.

Genieße es!

Du musst die Frauen nicht verstehen. Du musst nur wissen, wann du wie reagieren sollst, damit ihr beide glücklich seid.

Wie dieses Buch funktioniert

In diesem Buch werde ich zum Teil auf die Unterschiede der weiblichen und männlichen Sprache und Kultur eingehen und dir wertvolle Werkzeuge an die Hand geben. Denn so banal es vielleicht auch klingen mag, die Kommunikation (verbal und nonverbal) ist eines der mächtigsten und zielführendsten Werkzeuge. Wenn man weiß, wie man dieses Werkzeug einsetzt, kann man es zu seinem Vorteil nutzen. Wenn man das aber nicht weiß, entstehen «per Zufall» unglückliche Missverständnisse, Konflikte, Enttäuschungen und manchmal Trennungen oder sogar Kriege…

Nun ist aber folgendes ganz wichtig: Selbstverständlich wendet nicht jede Frau die Denkweise, Sprache und ihr Verhalten zu 100% «weiblich» an. Genau so wenig ist jeder Mann in seinem Denkmuster, seiner Sprache und seinem Verhalten 100% Mann. Es ist also nie einfach nur Schwarz oder Weiß. Wir alle haben verschiedene Grau-Nuancen dieser Extremitäten, und natürlich ist jeder Mensch auch einzigartig. Dennoch gibt es viele Verhaltensmuster, Denkweisen und sprachliche Angewohnheiten, die eher «typisch» Mann beziehungsweise «typisch» Frau sind. Um die Beispiele besser aufzuzeigen und damit du sie einfacher im Alltag erkennen kannst, schildere ich sie in diesem Buch schwarz-weiß, ohne die Absicht zu haben, Frauen und Männer in extreme Raster zu drücken.

Wir Frauen sind zwar alle unterschiedlich, und doch gibt es zwei grundsätzliche Tatsachen, die bei vielen gleich sind:

1. Wir sind ein Mysterium und komplex. Manchmal auch ein bisschen seltsam, unlogisch und vielleicht sogar ein bisschen verrückt.
2. Wir Frauen brauchen Verständnis, Zuneigung, Respekt, Wertschätzung, Anerkennung, Fürsorge und Sicherheit.

Nun geht es in diesem Buch nicht darum, dass du uns Frauen verstehst. Das ist meiner Meinung nach nicht nötig und wohl auch nicht möglich. Aber wichtig ist, dass du genau weißt, wie du in den verschiedenen Situationen reagierst, damit die Bedürfnisse deiner Partnerin erfüllt sind. Oft braucht es gar nicht viel, aber du musst genau wissen, wie du was einsetzt und anwendest. Denn wenn deine Partnerin bekommt, was sie braucht, macht sie dich zum glücklichsten Mann auf Erden. Ganz einfach.

Du erhältst mit diesem Buch also schnelle, klare Anleitungen und Werkzeuge für zahlreiche verschiedene Situationen, die bis anhin mühsam und nervenaufreibend waren. All die psychologischen Erklärungen und Hintergründe werde ich dir ersparen. Denn auch wenn du diese hier alle lesen könntest, würde sich deswegen eure Beziehung nicht zum Besseren verändern. Was wirklich hilft, sind, wie oben bereits erwähnt, klare, themenbezogene Anleitungen, die du ganz einfach SOFORT in deinem Alltag anwenden und dadurch unverzüglich eine positive Veränderung feststellen kannst. Du wirst also mit all den Anleitungen und Werkzeugen irritierende, verwirrende und frustrierende Situationen vermeiden können und dafür Harmonie und Leidenschaft in eure Beziehung bringen.

Ich arbeite stets mit meinem bewährten 3-Stufen-Modell:

1. Erkennen und verstehen
2. Anwenden und umsetzen
3. Festigen und automatisieren

Und genau diese drei Stufen wendest du auch in diesem Buch an:

1. Erkenne und verstehe die Situation (also nicht die Frau).
2. Wende die Werkzeuge und Anleitungen aus diesem Buch an und setze sie um.
3. Festige die neu erlernten Reaktionen, und sie automatisieren sich von alleine.

Auf den folgenden Seiten findest du fünf Schlüssel mit Anleitungen und Werkzeugen, damit du genau weißt, wie du wann reagieren musst, damit es euch beiden viel besser geht und ihr glücklicher seid. Dieses Buch ist extra kurz und übersichtlich gehalten, damit du schnell das findest, was du brauchst.

Du wirst auch feststellen, dass sich einige Werkzeuge wiederholen. Denn so kompliziert sind wir Frauen letztendlich doch nicht.

Es könnte durchaus vorkommen, dass deine Partnerin dich am Anfang etwas verwirrt anschaut. Gib ihr einfach ein bisschen Zeit und befolge weiterhin kontinuierlich die Anleitungen in diesem Buch. Die positiven Veränderungen werden sich schon zeigen. Vielleicht ist deine Partnerin daran interessiert, etwas über dich als Mann zu lernen und herauszufinden, wie einfach es sein kann, eine glückliche Beziehung zu führen. «DAS Buch für die FRAU – Wie aus deinem Frosch dein Prinz wird» habe ich für sie geschrieben. Du kannst ihr das Buch ja einfach mal so hinlegen…

Folgendes möchte ich aber unbedingt noch hinzufügen: Ich gehe davon aus, dass deine Partnerin dich respektvoll behandelt, dich liebt und sich ebenfalls eine glückliche Beziehung mit dir wünscht. Sollte deine Partnerin dich trotz deiner wiederholten Anwendungen dieser Anleitungen ignorieren und dich sogar verletzen oder demütigen, hat sie dich nicht verdient.

Ein bisschen über mich

Vielleicht noch etwas Kurzes über mich. Einfach damit du weißt, warum ich dir diese Anleitungen gebe und woher meine Fähigkeiten und mein Wissen stammen. Geboren wurde ich 1970 in der Schweiz im Raum Zürich. In meiner Kind- und Jugendzeit habe ich mir nichts sehnlicher als Liebe, Harmonie, Geborgenheit, Zugehörigkeit, Respekt und Wertschätzung gewünscht. Und wie so viele Frauen, habe ich mir all die Sissi-Filme immer wieder angeschaut, und «Drei Nüsse für Aschenbrödel» war mein absoluter Lieblingsfilm. Ich verschmolz regelrecht mit den Geschichten und wünschte mir so sehr, dass es die wahre Liebe wirklich geben würde. Dass mich eines Tages ein Mann finden würde, der mich aus tiefstem Herzen für immer und ewig lieben würde. MICH, das einfache Mädchen, das bis dahin die glückliche Liebe mit Respekt, Wertschätzung, Geborgenheit und Harmonie nur aus Filmen kannte. (Ja ich weiß. Es tönt ziemlich kitschig …, aber so war es tatsächlich.)

Mein Vater ist Süditaliener, meine Mutter Schweizerin. Aufgewachsen bin ich also in zwei komplett unterschiedlichen Kulturen, was wirklich nicht einfach, aber in vielen Hinsichten prägend und lehrreich war. Mit 15 startete ich meine aktive «Forschung» und begann Menschen zu studieren. Ich wollte wissen, was in ihnen steckt, was sie für Bedürfnisse haben und wie sie funktionieren. So fuhr ich an manchen schulfreien Nachmittagen nach Zürich zum Hauptbahnhof, setzte mich auf eine Bank, beobachtete die Menschen und habe sehr schnell Spannendes erkannt.

Im Alter von zwanzig verließ ich meine Heimat und flog mit einem One-Way-Ticket nach Vancouver, wo ich mit Menschen aus China, Mexiko und Argentinien zur Schule ging und in einer kanadischen Familie als Kindermädchen arbeitete. Nach sechs Monaten kaufte ich mir einen weißen 1978er Dodge Diplomat, reiste alleine durch den westlichen Teil der USA und flog dann nach Hawaii, wo ich zweieinhalb Jahre lebte und arbeitete. Nach meiner Zeit in Hawaii verbrachte ich weitere eineinhalb Jahre in den USA (Washington und California), bevor ich mich dann entschied, für immer in die Schweiz zurückzukehren. Die insgesamt viereinhalb Jahre haben mich extrem geprägt. Ich habe unglaublich viel erlebt, habe mir mein erstes Tattoo stechen lassen (eine kleine Rose), hatte viel Spaß, hatte oft auch große Angst, kam an meine Grenzen, habe gekämpft und gelernt, was in keinem Lehrbuch steht. Ich kam mit Menschen aus den unterschiedlichsten Kulturen in Kontakt, was ich zweifelsohne überaus spannend fand. Und wenn du als Frau so alleine auf dich gestellt bist, ist es äußerst ratsam, Menschen (aus allen Kulturen) sehr gut zu studieren, und dir die Fähigkeit, sie «lesen» zu können, anzueignen. Denn dein Leben hängt davon ab.

Gemäß einer Numerologie-Analyse wurde ich mit einer «speziellen Gabe» geboren. Ob das so ist oder nicht, weiß ich nicht genau (das ist ja nicht wirklich messbar), aber ich kann Menschen lesen. Ihre Befindlichkeit, ihre Gefühle und manchmal auch ihre Gedanken. In Gesprächen erkenne ich sehr schnell, was ihnen fehlt, was der Grund für ihre schwierige Situation ist und was ihnen hilft. Oft muss ich dafür die Person auch gar nicht sehen. Darum funktionieren meine telefonischen Beratungen so großartig. Da erkenne ich alles Wichtige aus der Stimme, aus der Geschichte, die ich höre, aus der Tonlage und aus der Stille, die zwischen den Worten aufkommt.

Gehen wir aber zurück zu Mann und Frau. Seit ich 15 Jahre alt bin, habe ich also zahlreiche Menschen beobachtet, studiert und analysiert. Eine gewisse Zeit lang habe ich auch gezielt Paare und Beziehungen analysiert. Warum sie einander ausgewählt haben, warum ihre Beziehungen scheitern, warum sie glücklich oder unzufrieden sind. Ich habe mich auch auf sozialwissenschaftlicher, psychologischer und pädagogischer Ebene wie auch in der Beziehungswissenschaft weitergebildet, habe psychologisches Coaching in der Sozialarbeit studiert und Naturheilkunde gelernt. Wobei ich hier unbedingt noch anfügen möchte, dass ich persönlich nicht viel von Diplomen halte. Denn diese sind im zwischenmenschlichen Bereich nicht aussagekräftig. Ein Stück Papier qualifiziert jemanden im Bereich «Mensch» nicht wahrheitsgetreu ... Aber das ist meine persönliche Meinung.

Im Alter von 17 bis 29 habe ich all die Fehler gemacht, die die meisten Frauen machen und hatte schreckliche Beziehungen. Immer wieder traten Auseinandersetzungen, Differenzen und Frustrationen auf und führten zu Enttäuschungen und tiefen Verletzungen. Nie war ich wichtig genug. Nie war ich gut genug. Immer musste ich um Anerkennung kämpfen und immer hoffte ich, es würde besser werden. Wie es halt in vielen Beziehungen vorkommt. Aber eigentlich wollte ich das gar nicht. Ich wollte unbedingt eine glückliche, liebevolle und erfüllende Beziehung mit allem Drum und Dran. Und so entschloss ich mich irgendwann, Hilfe in Anspruch zu nehmen. Ich ging zum Psychiater, saß da auf dem Stuhl, hoffte, ich könne «geflickt» werden, aber nichts änderte sich. Also entschied ich, mich im psychologischen und soziologischen Bereich auszubilden und mich selbst «zu therapieren». Und dann machte ich klare Fortschritte. Plötzlich wurden meine Beziehungen besser, aber etwas stimmte doch noch nicht ganz.

Ich gab nicht auf. Ich kämpfte weiter. Ich arbeitete weiter an mir, las Therapiebücher, nahm an Weiterbildungen teil, ging in die Tiefe, arbeitete meine Vergangenheit auf. Denn ich wusste, es muss sie geben: die wahre Liebe – die große Erfüllung. Und dann, eines Tages, geschah es. Wie aus heiterem Himmel. Ich war mit meinem Fahrrad auf dem Nachhauseweg, und wie ein Blitz schlug es ein. Ich erstarrte und hielt an. Es war, als ob der Nebel sich um mich herum auflösen würde, und alles war plötzlich so klar und machte Sinn. Ich spürte, wie mein Blut vor Begeisterung durch meine Venen raste und mein Herz pochte. Endlich begriff ich, was all die Jahre falsch gelaufen war. Was für eine Erlösung! Und zehn Monate später lernte ich die Liebe meines Lebens kennen. Wir heirateten und gründeten eine Familie und genießen seither ein glückliches, harmonisches Familienleben und eine liebevolle und bereichernde Beziehung. So, wie ich es mir immer gewünscht hatte.

Menschen und Kommunikation sind meine Leidenschaft. Ich habe analysiert, entdeckt und gelernt, wie und was man mit verbaler und nonverbaler Kommunikation bewirken kann. Wie viel Schönes damit erreicht werden kann. Wie viele Enttäuschungen und Konflikte damit vermieden werden können.

Seit ich 22 Jahre alt bin, habe ich zahlreiche Beratungen, Coachings, Seminare und Referate für Menschen im Privat- und Berufsleben durchgeführt. Die Themen waren jeweils Konfliktlösung, Persönlichkeitsentwicklung, mentale Stärke, wahrgenommen werden, konfliktfreie und wertschätzende Kommunikation, Führung und Zusammenarbeit sowie Kulturentwicklung. Was gibt es Schöneres als das?

Die Liebe meines Lebens: Rolf Schmid
Wir haben am 3. Februar 2001 in den Schweizer Bergen
geheiratet – wie im Märchen

🗝 1: Was ist das Wichtigste, das Frauen brauchen?

Es ist längst kein Geheimnis mehr, dass Frauen anders funktionieren als Männer, und unterdessen ist das auch durch verschiedene Studien bewiesen. Das heißt also auch, dass das, was dir Spaß bereitet, du als romantisch empfindest und dir das Gefühl vermittelt, geliebt und geschätzt zu werden, nicht das Gleiche ist, was eine Frau am dringlichsten braucht und sich wünscht. Und ich denke, viel mehr muss ich dazu nicht sagen, denn die Erklärung dahinter ändert nichts an dieser Tatsache. Viel wichtiger ist es, dass du dir dessen ganz einfach bewusst bist und du die notwendigen Werkzeuge hast, um drum herum zu arbeiten. Denn wenn du weißt, was sie braucht, kriegst auch du das, was du brauchst. So einfach ist es.

Die Frauen brauchen dringend
- ♥ Wertschätzung
- ♥ Respekt
- ♥ Sicherheit
- ♥ Hingabe
- ♥ Fürsorge
- ♥ Verständnis

Und so gibst du ihr das

✓ Nimm sie häufig in den Arm.
✓ Höre ihr zu. (Keine Angst, nicht stundenlang. Oft reichen ein paar Minuten.)
✓ Wende beim Zuhören das «stille Zuhören» an! (Siehe unten)
✓ Erzähle ein bisschen von deinem Alltag, z.B. von deinem Mittagessen, deinem Sporterlebnis. Auch wenn du das Gefühl hast, es sei belanglos – für sie ist es wichtig!

Und denke immer daran, warum du das alles machst:
A) Weil du sie glücklich(er) machen willst und selber auch glücklich(er) sein möchtest.
B) Weil du so oft wie möglich gute Stimmung, Anerkennung und guten Sex von ihr willst.

Erwarte nicht, dass die Gefühle einer Frau
jederzeit rational und logisch sind.
Arbeite drum herum.

🔑 2: Dein wichtigstes Werkzeug ist das «stille Zuhören»

- Wenn die Frau von ihren Problemen erzählt, gehe als erstes davon aus, dass sie NICHT DICH dafür verantwortlich macht.
- Die Frau fühlt sich äußerst genervt und verletzt, wenn du Lösungen für ihre Probleme suchst und ihr diese präsentierst.
- Sie baut ihren Frust, ihren Stress, ihre Trauer ab, indem sie einfach darüber spricht. Sie will aber KEINE Lösung (außer sie fragt dich ganz klar: «Sage mir, was ich tun soll»).
  - ✓ Höre auf, Lösungen zu suchen, zu finden und zu präsentieren!
  - ✓ Höre einfach nur zu, schaue sie immer wieder an, nicke oft, lächle verständnisvoll und sage nur und immer wieder Folgendes:
    - ✓ «Ahhhhh …»
    - ✓ «Wirklich?»
    - ✓ «Und dann?»
    - ✓ «Beeindruckend!»
    - ✓ «Verstehe.»
    - ✓ «Ohhhh …»
    - ✓ «Echt?»
    - ✓ «Ja, ich verstehe.»
    - ✓ «Das ist wirklich schwierig.»
    - ✓ «Oh, das tut mir aber leid!»

Fazit

- Es ist ganz leicht für dich zuzuhören, wenn dir bewusst ist, dass es nicht ihre Absicht ist, dich zu beschuldigen.
- Habe KEINE Schuldgefühle und fühle dich NICHT für alles verantwortlich. Denn das ist NICHT deine Aufgabe, und es ist nicht das, was sie dir mitteilen möchte!
- Frauen wollen einfach reden, um Energie und Kraft zu tanken. Und wenn du ihnen KEINE Lösung präsentierst, bist du der GRÖSSTE.
- Kleiner Zusatztipp: Kombiniere das stille Zuhören mit deinem eigenen Bedürfnis, deinen Alltag mit seinen Problemen durch Ablenkung zu vergessen. Nutze das «stille Zuhören» ganz einfach als Ablenkung.

Und denke immer daran, warum du das alles machst:
A) Weil du sie glücklich(er) machen willst und selber auch glücklich(er) sein möchtest.
B) Weil du so oft wie möglich gute Stimmung, Anerkennung und guten Sex von ihr willst.

Du hast die Wahl: Du kannst entweder warten und überlegen, wer schuld ist und wer sich zuerst ändern muss, oder du kannst etwas für eure Beziehung tun. Jetzt sofort.

⌛ 3: 15 Dinge, die du unbedingt tun solltest

1. Wenn du nach Hause kommst, bevor du irgendwas anderes machst, gehe zu ihr hin, nimm sie in deine Arme und begrüße sie.

2. Nimm dir sofort, nachdem du zu Hause angekommen bist, zwei bis fünfzehn Minuten Zeit und frage sie, wie es ihr geht. Wenn sie länger reden will und du wirklich keine Zeit hast, dann sage ihr so was wie: «Oh, warte einen kurzen Moment, ich komme gleich wieder. Das will ich unbedingt hören.» Und dann kommst du auch gleich wieder!

3. Unter keinen Umständen gibst du ihr Tipps oder machst Vorschläge, wie sie etwas lösen könnte (außer sie sagt so ziemlich wortwörtlich: «Was meinst du, soll ich machen?»). → Praktiziere das «stille Zuhören».

4. Organisiere regelmäßig etwas Kleines für sie. Zum Beispiel ein Picknick (das geht übrigens auch zu Hause auf einer Decke), einen gemütlichen Apéro, einen kurzen, romantischen Spaziergang an der frischen Luft. Lass ein Fußbad für sie ein, massiere ihr den Rücken oder führe

sie zum Essen aus. Viele kleine Aufmerksamkeiten zählen weit mehr als seltene große.

5. Sage ihr mindestens alle zwei Tage, dass sie gut aussieht und wie wunderbar sie ist.

6. Mindestens einmal pro Woche übernimmst du mindestens eine ihrer Haushaltsaufgaben (Abwasch, Tisch decken, kochen, Kinder ins Bett bringen, mit Kindern spielen, mit dem Hund spazieren gehen, etc.), damit sie eine Pause hat. Und warte nicht, bis sie dich darum bittet. TUE ES EINFACH!

7. Wenn du zu spät dran bist, rufe sie an, gib ihr Bescheid und entschuldige dich.

8. Bedanke dich für das Kochen und das Essen. Immer. Jeden Tag.

9. Wenn du dich nervst, beruhige dich, und wenn du dich wieder gefangen hast, erkläre ihr, was dich stört. Äußere dich in der Form einer «Ich-Botschaft».

10. Wenn du sagst: «Das mache ich nachher/gleich», dann mache es auch! Setze dir einen Termin, einen Alarm oder was auch immer, aber mache es. Oder du sagst ihr ein genaues Datum, wann du es erledigst, und auch

dann hältst du dich an dein Wort.
11. Frage sie am Morgen, ob sie gut geschlafen hat.
12. Gib ihr einen Kuss und wünsche ihr eine gute Nacht, bevor sie einschläft.
13. Bringe sie zum Lachen.
14. Schaue ihr täglich in die Augen und lächle.
15. Sage ihr mindestens einmal pro Woche «Schatz, ich liebe dich».

Und denke immer daran, warum du das alles machst:

A) Weil du sie glücklich(er) machen willst und selber auch glücklich(er) sein möchtest.

B) Weil du so oft wie möglich gute Stimmung, Anerkennung und guten Sex von ihr willst.

Liebe ist das, was wir uns alle am meisten
wünschen und das, was wir ALLE
wirklich brauchen.

⚷ 4: 15 Dinge, die du NIE tun solltest

1. Laufe einer Frau nie davon, wenn sie am Reden ist.
    - ✓ Gib ihr eine Umarmung, und dann kannst du gehen.

2. Rede nicht, wenn sie sich «beschwert».
    - ✓ Wende das «stille Zuhören» an.

3. Wenn sie dich fragt: «Was ist los?», sage nicht: «Nichts.»
    - ✓ Sage so was wie: «Alles ist in Ordnung. Ich muss nur etwas überlegen und entspannen. Wie war dein Tag?»

4. Wenn sie dich um etwas bittet, versäume nicht, es zu tun.
    - ✓ Entweder du machst es sofort oder du sagst ihr, wann du es erledigst und setzt dir einen Termin, den du einhältst.

5. Mache ihr keine Vorwürfe, wenn sie sich ärgert. Denn wenn du dich an alle diese Anleitungen hältst, richtet sich der Ärger nicht gegen dich. Sie will nur Dampf ablassen.
    - ✓ Nimm sie in den Arm und sage ihr: «Ja, du hast recht.»

6. Spiele nie ihre Wünsche herunter (indem du sie ignorierst oder ihr Gegenvorschläge machst).
   - ✓ Nimm sie in den Arm und sage so was wie: «Ja, du hast recht. Wir machen das. / Wir schauen, was wir machen können. / Ich kümmere mich darum. / Das ist eine gute Idee. / Und es wäre wirklich gut, aber das geht leider nicht.»

7. Schreie deine Partnerin nicht an und werde auch nicht laut!
   - ✓ Pflege einen respektvollen Umgang. Sage etwas wie: «Du magst ja recht haben, aber das verstehe ich im Moment gerade nicht.» Oder: «Du magst ja recht haben, aber für mich passt/stimmt das nicht. Was können wir tun?»

8. Sei nie herablassend zu ihr!
   - ✓ Sie ist das Wertvollste, das du hast, und sie ist mit **DIR** zusammen. Wenn die Zeit für ihre Fragen nicht passend ist, dann sage so was wie: «Ja, du hast recht, wir müssen darüber sprechen. Aber im Moment kann ich gerade nicht. Wie wäre es, wenn wir in einer halben Stunde / am Abend / morgen beim Mittagessen / etc. darüber sprechen?» Und natürlich hältst du deinen vorgeschlagenen Termin ein, und du startest dann das Ge-

spräch mit: «Wir wollten doch noch etwas besprechen.»

9. Erkläre ihr nicht, warum sie nicht verletzt, besorgt oder wütend sein soll.
    ✓ Es spielt keine Rolle, ob du verstehst, warum sie sich gerade so fühlt, wie sie sich fühlt. Das ist auch nicht wichtig, denn wahrscheinlich ist es für dich wirklich nicht nachvollziehbar. ABER sage ihr unbedingt etwas wie: «Ja, ich verstehe, dass du dich aufregst / nervst / wütend bist / dir Sorgen machst / etc.» Und das ist auch nicht gelogen. Du musst nicht verstehen, warum es so ist, du musst nur verstehen, dass es so ist.

Und denke immer daran, warum du das alles machst:
A) Weil du sie glücklich(er) machen willst und selber auch glücklich(er) sein möchtest.
B) Weil du so oft wie möglich gute Stimmung, Anerkennung und guten Sex von ihr willst.

10. Stelle dich nicht als Besserwisser hin.
    ✓ Kommt es echt drauf an, ob du nun alles besser weißt oder nicht? Messe dich mit deinen männlichen Kollegen, NIE mit deiner Partnerin! Sage ihr so etwas wie: «Ah, das ist

interessant. Meinst du wirklich? Wie kommst du darauf? Okay.»

11. Furze nicht absichtlich.
    - ✓ Echt jetzt. Dass ich das überhaupt noch erwähnen muss ... Es kann ja mal rausrutschen, aber extra rausdrücken – das geht gar nicht. Du hast ja nicht wirklich das Gefühl, dass dich das in ein sexy Licht rückt, oder?

12. Lass deine Wäsche nicht rumliegen.
    - ✓ Wohnt deine Mutter bei euch? Wenn nicht, dann räume deine Sachen selber weg! Oder denkst du, deine Partnerin sei deine Mutter? Denkst du, deine Partnerin fühlt sich «angeturnt», wenn du sie wie deine Mutter behandelst? Nicht wirklich!

13. Werde nicht zu bequem.
    - ✓ Was hast du am Anfang eurer Beziehung alles gemacht, um deiner Partnerin zu gefallen, um sie zu beeindrucken? Mach das weiter. Erobere deine Partnerin jede Woche von Neuem.

14. Kritisiere sie nie in der Öffentlichkeit.
    - ✓ Es kann ja schon sein, dass dich etwas nervt, das sie eben gesagt oder getan hat, aber sage ihr das unter vier Augen. Bewahre

ihre und deine Ehre.

15. Lache nie, wenn sie wegen eines Films weint. Das würde ihr zu verstehen geben, dass du ein gefühlloser Mensch bist.
    - ✓ Nimm sie entweder in den Arm oder schau einfach weg, damit sie ihre Tränen «unauffällig» wegwischen kann.

Nur weil sie sich nicht mehr beklagt,
bedeutet nicht, dass sie glücklich ist!

⚷ 5: Löse Alltagsherausforderungen in eurer Beziehung

In diesem Kapitel gehe ich auf die meistverbreiteten Herausforderungen ein, die du im Alltag üblicherweise zu bewältigen hast. Dafür erhältst du zu jeder Situation die passenden Werkzeuge und Lösungsansätze, damit keine Konflikte mehr entstehen und ihr euch wieder näherkommt. Und natürlich werde ich dich immer wieder daran erinnern, warum du all das machst.

Und denke immer daran, warum du das alles machst:
A) Weil du sie glücklich(er) machen willst und selber auch glücklich(er) sein möchtest.
B) Weil du so oft wie möglich gute Stimmung, Anerkennung und guten Sex von ihr willst.

Kontrolliert oder verbessert sie dich dauernd?

Vielleicht gehörst du zu den Männern, die das Gefühl haben, deine Partnerin versuche die ganze Zeit, dich zu verändern.

Sie tut das	Dein Werkzeug
Wenn deine Partnerin dich liebt, fühlt sie sich verantwortlich, dir bei deiner Entwicklung behilflich zu sein. Daher sagt sie dir auch die ganze Zeit, was du besser machen könntest. Eigentlich hat sie das Gefühl, dadurch fürsorglich zu sein und merkt nicht, dass sie dich dadurch verletzt und/oder du dich kontrolliert fühlst. (Ich könnte ihr da so einige Tipps geben, dass sie damit aufhört.)	Wenn du merkst, dass sie dich verbessern, verändern, kontrollieren möchte, nimm sie in den Arm, gib ihr einen Kuss und sage: ✓ «Danke für deine Hilfe» und füge hinzu: ✓ «Vertraue mir! Ich möchte es gerne alleine machen.» ✓ «Vertraue mir! Ich möchte es gerne auf meine Art machen.» ✓ «Ich liebe dich. Lass es mich auf meine Weise tun.»

Wenn ihre ewige Fragerei anstrengend und mühsam ist

Und immer ahnt sie, dass dich etwas beschäftigt. Dass du eventuell gestresst bist, du dir Sorgen machst, über etwas grübelst und vielleicht gerade unglücklich bist. Sie ist extrem fürsorglich und möchte dir gerne helfen. Sie ist der Meinung (weil sie eine Frau ist), dass du unbedingt darüber sprechen musst und sich nur so das Problem lösen lässt. Für dich als Mann ist das oft sehr mühsam und anstrengend, denn du willst nicht darüber reden. Und so löst du dieses Problem:

Sie tut das	Dein Werkzeug
• «Was ist los?» • «Geht es dir nicht gut?» • «Willst du reden?» • «Ist was?» • «Warum bist du so ruhig?» • «Warum sprichst du nicht mit mir?» • «Ich sehe doch, dass dich was bedrückt.» • «Rede mit mir.» • «Wie soll ich dir helfen, wenn du nie was sagst?»	Anstatt zu sagen «Nichts» oder ähnliches, sage: ✓ «Es ist nichts Schlimmes. Ich werde damit schon fertig, brauche nur etwas Zeit zum Überlegen. Danke für die Nachfrage, aber alles ist gut.» ✓ Zu ihrer Beruhigung kannst du noch hinzufügen: «Es hat nichts mit dir zu tun.»

	✓ Oder erkläre ganz kurz, worum es geht: «Im Geschäft ist es gerade streng/mühsam/ langweilig/etc.»

Und denke immer daran, warum du das alles machst:

A) Weil du sie glücklich(er) machen willst und selber auch glücklich(er) sein möchtest.

B) Weil du so oft wie möglich gute Stimmung, Anerkennung und guten Sex von ihr willst.

Sie überfordert sich und lässt die schlechte Laune an dir aus

Frauen können nicht gut Nein sagen, weil sie von Natur aus sehr fürsorglich sind. Das heißt, sie übernehmen ganz viel Verantwortung und jegliche Aufgaben, da sie es allen recht machen wollen. Sie überladen sich regelrecht mit Pflichten, machen den Spagat zwischen den verschiedenen Aufgaben, die sie sich aufgehalst haben (und aufgehalst bekommen haben) und versuchen, alles unter einen Hut zu bringen. Gemäß den neusten Studien leiden etwas mehr als 58% aller Mütter an Erschöpfung (Quelle: Dissertation R. Tanner-Berger unter der Leitung von Prof. Dr. med. Remo H. Largo, Zürich 2015). Gemäß den Erfahrungen, die ich in meinen Beratungsgesprächen sammle, ist es tatsächlich so. Hast du das gewusst? Nein, wahrscheinlich nicht. Die wenigsten Männer wissen das. Woher auch?

Was heißt das nun aber für DICH?

Sie erwartet von dir Verständnis und Unterstützung. Sie ist der Meinung, dass du ihre große Belastung, ihren Stress, all ihre Sorgen und die zehntausend Aufgaben, die sie zu bewältigen hat, automatisch siehst und sie davon erlöst, indem du einen Teil davon übernimmst. **Ohne dass sie dich darum bitten muss!** Genau das ist ihre Erwartung. Sie will nicht darum bitten müssen. Sie will, dass du es einfach tust. Bei den meisten Frauen bleibt es aber bei der Erwartung, die nicht erfüllt wird, weil der Mann nun mal keine Ahnung hat. In diesem Falle wirst du mit der Zeit (eine der) folgende(n) Reaktion(en) bei ihr feststellen:

- Sie zieht sich zurück und wird schweigsam.
  - → Weil sie immer wütender auf dich wird und das Gefühl hat, dass du dich nicht für sie interessierst und sie dir nicht wichtig ist.

- Sie macht dir dauernd Vorwürfe.
  - → Weil sie immer wütender auf dich wird und das Gefühl hat, dass du dich nicht für sie interessierst und sie dir nicht wichtig ist.

- Sie flippt wegen Kleinigkeiten aus.
  → Weil sie immer wütender auf dich wird und das Gefühl hat, dass du dich nicht für sie interessierst und sie dir nicht wichtig ist.

- Sie ist passiv und macht gar nichts mehr.
  → Weil sie immer wütender auf dich wird und das Gefühl hat, dass du dich nicht für sie interessierst und sie dir nicht wichtig ist.

- Sie weint sehr schnell und häufig.
  → Weil sie immer wütender auf dich wird und das Gefühl hat, dass du dich nicht für sie interessierst und sie dir nicht wichtig ist.

Was sind die heranwachsenden Konsequenzen daraus?

- Irgendwann wird sie einen Mann kennenlernen, der ihr Aufmerksamkeit schenkt, und dann wird sie dich verlassen. Und du wirst außerordentlich überrascht sein, denn damit hast du nicht gerechnet. Und leider passiert das sehr häufig.
- Du wirst mit ihrer wachsenden Negativität zunehmend frustriert und suchst dir eine Affäre. Eure Beziehung geht über kurz oder lang auseinander.
- Sie betrügt dich mit einem Mann, der sie begehrt, ihr mehr Aufmerksamkeit, Zuneigung und Wertschätzung entgegenbringt.
- Es gibt auch Frauen, die bleiben ihr Leben lang in einer unglücklichen Beziehung. Zwei von diesen Frauen sind meine Klientinnen. Die Beziehung, die sie leben, ist tot. Ich gehe nicht davon aus, dass du dir das wünschst.

55% aller Frauen gehen fremd…
Nicht wegen dem Sex

So löst du dieses Problem

✓ Frage und rede nicht lange, tue einfach! Nimm sie öfters mal in den Arm und übernimm mindestens eine ihrer täglichen Aufgaben. Habe keine Angst davor, etwas nicht perfekt zu machen, denn weißt du was? «Perfekt» gibt es nicht, und so, wie du es machst, ist GROSSARTIG!

- Beispiele:
    - ✓ Kinder füttern
    - ✓ Kinder ins Bett bringen
    - ✓ Kochen (oder Pizza bestellen)
    - ✓ Tisch abräumen
    - ✓ Geschirr/Pfannen abwaschen
    - ✓ Einkaufen gehen
    - ✓ Wäsche versorgen
    - ✓ Altpapier und Glas entsorgen
    - ✓ Mit dem Hund rausgehen

✓ Ein bisschen Verwöhnzeit würde helfen. Hier ein paar Vorschläge:
    - ✓ Gib ihr eine Massage
    - ✓ Lasse ein Bad für sie ein
    - ✓ Führe sie zum Essen aus
    - ✓ Gönnt euch ein Wellness-Weekend
    - ✓ Ein Spaziergang bei Sonnenuntergang

✓ Vielleicht hat sie Lust, «DAS Buch für die FRAU – Wie aus deinem Frosch dein Prinz wird» zu lesen. Das würde ihr sehr helfen. Du kannst es ja mal besorgen und ihr hinlegen.

Und denke immer daran, warum du das alles machst:
A) Weil du sie glücklich(er) machen willst und selber auch glücklich(er) sein möchtest.
B) Weil du so oft wie möglich gute Stimmung, Anerkennung und guten Sex von ihr willst.

Erkenne Warnsignale

Wenn du folgende Aussagen hörst, dann ist das ein klares Warnsignal. Das heißt, sie steht kurz vor dem Ausflippen, davor, dir Vorwürfe «aus dem Nichts» zu machen oder vor der Passivität.

1. «Aber was ist mit …»
2. «Ich verstehe nicht, warum …»
3. «Immer gibt es so viel zu tun …»
4. «Ich weiß nicht, was ich denn noch tun soll.»
5. «Und, hast du schon …?!»
6. «Ich mache (immer) alles (alleine)!»
7. «Ich kann nicht mehr.»
8. «Es ist mir egal. Mach, was du willst.»
9. «Hast du schon wieder …?!»
10. «Wie konntest du vergessen …?!»
11. «Nie redest du mit mir!»
12. «Nie hörst du mir zu!»

Und so rettest du die Situation

Nimm sie in den Arm und sage ihr (auf die Situation und die Nummern oben abgestimmt) etwas wie:

1. «Ich kümmere mich darum.» / «Es wird alles gut»
2. «Ja, ich weiß.»
3. «Ja, du hast recht. Was kann ich Gutes für dich tun?»
4. «Ja, es ist schwierig. Wie kann ich dir helfen?»
5. «Gut, fragst du, danke. Ich mache es jetzt gleich.»
6. «Ja, du hast recht. Komm, ich helfe dir.»
7. «Es war/ist anstrengend, ich weiß. Lass uns etwas Entspannendes tun.» (Mache gleich einen Vorschlag und organisiere es sofort.)
8. «Mir ist es aber nicht egal. Du bist mir wichtig. Deine Meinung ist mir wichtig.»

9. «Oh ja. Gut, fragst du nach. Ich …»
10. «Oh, zum Glück fragst du, danke. Ich mache es jetzt gleich.»
11. «Ja, du hast recht. Es tut mir leid. Dabei bist du mir sehr wichtig. Wie war dein Tag? Wie geht es dir?» (Stelle Fragen, höre zu, erzähle von deinem Tag.)
12. «Ja, du hast recht. Es tut mir leid. Dabei bist du mir sehr wichtig. Ich war gerade abgelenkt. Bitte sage es nochmals.» (Und stelle Fragen, höre zu, erzähle ein bisschen von deinem Tag.)

Und denke immer daran, warum du das alles machst:
A) Weil du sie glücklich(er) machen willst und selber auch glücklich(er) sein möchtest.
B) Weil du so oft wie möglich gute Stimmung, Anerkennung und guten Sex von ihr willst.

Wenn du deine Ruhe oder deinen Freiraum brauchst

Ihr Männer habt die beeindruckende Fähigkeit, nichts zu machen und euch zurückzuziehen, auch wenn das Haus «in Flammen» steht. Ihr könnt zum Beispiel einfach Zeitung lesen, TV schauen, Sport treiben, euch mit Freunden treffen, an einem Auto rumschrauben oder stundenlang auf dem Klo sitzen. Die Frau hingegen misst allem anderen mehr Priorität bei, als sich selbst eine Auszeit zu gönnen. Darum hat sie auch wenig Verständnis für dein Verhalten, wenn du dich einfach zurückziehen und/oder dein Ding machen möchtest. So ist es nun mal, aber wie kriegst du das nun hin, ohne dass sie dir die Hölle heiß macht?

Du musst verstehen, dass sie deinen «Rückzug» extrem persönlich nimmt und sich zurückgestoßen und dadurch verletzt fühlt. Das ist einfach so, auch wenn das überhaupt nicht deine Absicht ist. Nimm sie in den Arm und sage so was wie:

- ✓ «Ich verstehe, dass es grad (ein bisschen) schwierig ist, aber ich brauche ein wenig Zeit, um nachzudenken. Es hat überhaupt nichts mit dir zu tun. Ich liebe dich.»
- ✓ «Es ist alles in Ordnung, ich liebe dich. Ich muss nur kurz abschalten und Energie tanken.»

Du bist verantwortlich für das, was du tust,
aber auch für das, was du nicht tust.

Reagiere richtig, wenn sie sagt…

Kommunikation kann auch einfach sein!

Sie sagt	Dein Werkzeug
«Du hörst mir überhaupt nicht zu!»	Sie möchte in dem Moment deine volle Aufmerksamkeit. ✓ Lege in so einem Moment kurz alles beiseite, nimm sie in den Arm und fokussiere dich ganz auf sie. «Oh, das tut mir leid, meine Liebe. Jetzt bin ich aber ganz bei dir.» ✓ Oder sage ihr: «Es tut mir leid, lass mich das kurz fertig machen, ich bin gleich ganz bei dir.»

Und denke immer daran, warum du das alles machst:

A) Weil du sie glücklich(er) machen willst und selber auch glücklich(er) sein möchtest.

B) Weil du so oft wie möglich gute Stimmung, Anerkennung und guten Sex von ihr willst.

Sie sagt	Dein Werkzeug
«Ich habe das Gefühl, du bist gar nicht richtig da!»	Sie will nicht nur deinen Körper anwesend haben, sie möchte dich spüren. ✓ Lege in so einem Moment kurz alles beiseite, nimm sie in den Arm und fokussiere dich ganz auf sie. «Oh, das tut mir leid, meine Liebe. Jetzt bin ich aber ganz bei dir.»
«Du sorgst dich nicht um mich!»	Sie will nicht, dass du irgendein Problem löst, und es zählt auch nicht, wenn du den ganzen Tag für sie/die Familie arbeitest … ✓ Lege in so einem Moment kurz alles beiseite, nimm sie in den Arm und fokussiere dich ganz auf sie. «Doch, meine Liebe, du bist mir extrem wichtig. Was ist denn los? Erzähl mal.» Und jetzt wendest du das «stille Zuhören» an.

Sie sagt	Dein Werkzeug
«Ich habe das Gefühl, ich bin dir überhaupt nicht wichtig!»	Sie will nicht, dass du jeden ihrer Sätze analysierst und Lösungen präsentierst. Sie will einfach nur, dass du ihr zuhörst. ✓ Lege in so einem Moment kurz alles beiseite, nimm sie in den Arm und fokussiere dich auf sie. «Doch, meine Liebe, du bist mir sehr wichtig, und ich bin ganz bei dir. Erzähl mal. Was ist denn los?» Und jetzt wendest du das «stille Zuhören» an.

Sie sagt	Dein Werkzeug
«Am liebsten würde ich über gar nichts mehr nachdenken müssen!»	Es wird ihr allmählich zu viel und sie sieht keinen Ausweg. Sage ihr: ✓ «Ja, das verstehe ich. Komm her, ich gebe dir eine Massage.» Oder: ✓ «Ja, das verstehe ich. Ruhe dich aus, ich kümmere mich um die Küche / die Kinder / das Essen».
«Du hast überhaupt kein Herz.»	Sie will nicht, dass du die Probleme versuchst zu lösen. Sie will einfach nur Mitgefühl und Anteilnahme. ✓ Lege in so einem Moment kurz alles beiseite, nimm sie in den Arm und fokussiere dich auf sie. «Ja, du hast recht. Ich habe wieder zu weit studiert. Es ist wirklich eine schwierige Situation.» Und jetzt wendest du das «stille Zuhören» an.

Sie sagt	Dein Werkzeug
«Nie gehen wir aus!»	Damit meint sie natürlich nicht NIE, sondern dass sie gerne wieder mal mit dir ausgehen würde. Sage ihr: ✓ «Ja, du hast recht. Es ist schon lange her. Lass uns heute / morgen / am Wochenende ausgehen.» Und jetzt organisierst du etwas für euch zwei.
«Ich bin so unglaublich müde. Ich kann einfach nicht mehr …»	Sie fühlt sich ausgelaugt und erschöpft. Sage ihr: ✓ «Ja, das verstehe ich. Komm her, ich gebe dir eine Massage.» Oder: ✓ Ja, das verstehe ich. Ruhe dich aus, ich kümmere mich um die Küche / die Kinder / das Essen.»

Männer glauben, dass ihre Frauen glücklich sind und erwachen aus ihrem Traum, wenn sie vor vollendete Tatsachen gestellt werden.

Sie sagt	Dein Werkzeug
«Nie hört mir jemand zu!»	Sie fühlt sich nicht wahrgenommen, nicht wichtig genug. Nimm sie in deine Arme und sage ihr: ✓ «Komm her. Setzen wir uns hin, nehmen wir uns (ein paar Minuten) Zeit und reden.» (Und keine Angst: DU musst nicht wirklich reden, du musst nur das «stille Zuhören» anwenden.)

Und denke immer daran, warum du das alles machst:

A) Weil du sie glücklich(er) machen willst und selber auch glücklich(er) sein möchtest.
B) Weil du so oft wie möglich gute Stimmung, Anerkennung und guten Sex von ihr willst.

Sie sagt	Dein Werkzeug
«Bei uns zuhause ist immer so ein Saustall!»	Es wird ihr allmählich zu viel. Sie hat das Gefühl, dass sie alles alleine machen muss und ist extrem frustriert. Sage ihr: ✓ «Ja, das ist wirklich streng und frustrierend. Mach heute doch einfach mal frei und mache nur das wirklich Nötigste.» Oder: ✓ «Ja, das ist wirklich streng und frustrierend. Ich helfe dir in der Küche / mit den Kindern / mit dem Aufräumen.» Übernimm irgendeine Aufgabe und zwar SOFORT (nicht später).

Sie sagt	Dein Werkzeug
«Alles geht schief, nichts funktioniert richtig!»	Damit will sie nicht DIR die Schuld geben! Sie ist einfach nur frustriert und schreit diesen Satz ins Universum raus, ohne jemandem dafür die Schuld zuweisen zu wollen. Das ist für uns Frauen extrem befreiend. Sage ihr: ✓ «Ja, manchmal ist es wie verhext, aber du hast heute ja so viel geleistet! Komm her.» Und nimm sie in deine Arme. «Was kann ich dir Gutes tun?»

Sie sagt	Dein Werkzeug
«Du liebst mich überhaupt nicht mehr!»	Ihr fehlen deine Zuneigung, deine Anteilnahme, dein Verständnis, deine Zärtlichkeit. Nimm sie in deine Arme und sage ihr: ✓ «Doch, ich liebe dich über alles. Komm her. Wollen wir uns einen gemütlichen/ romantischen Abend machen? Ich kümmere mich darum.» Und jetzt organisierst du etwas! Zum Beispiel: ✓ Auswärts essen gehen ✓ Zuhause bei Kerzenlicht essen ✓ Gemeinsam ein Glas Wein (oder Saft) trinken und genießen ✓ Eine romantische Massage mit anschließend gutem Sex

Sie sagt	Dein Werkzeug
«Ich hätte es gerne wieder mal etwas romantischer/ entspannter.»	Ihr fehlt deine Nähe, und der Alltagsstress macht ihr zu schaffen. Sage ihr: ✓ «Oh ja, du hast recht. Komm her.» Und nimm sie in deine Arme. «Wollen wir uns einen gemütlichen/ romantischen Abend machen?» Und jetzt organisierst du etwas! Zum Beispiel: ✓ Auswärts essen gehen ✓ Zuhause bei Kerzenlicht essen ✓ Gemeinsam ein Glas Wein (oder Saft) trinken und genießen ✓ Eine romantische Massage mit anschließend gutem Sex

Es braucht Mut, den ersten Schritt zu einer Veränderung zu machen. Sei mutig, denn es lohnt sich!

Sie sagt	Dein Werkzeug
«Wie konntest du das nur vergessen?!»	Du sagst: ✓ «Oh, das tut mir leid. Ich habe es total vergessen. Sicher bist du jetzt enttäuscht.» Und jetzt lässt du sie reden und wendest das «stille Zuhören» an.
«Wie konntest du nur so spät kommen?!»	Offensichtlich bist du zu spät, und sie hat sich Sorgen gemacht. Nimm sie in deine Arme und sage ihr: ✓ «Ja, du hast recht. Es tut mir leid, dass du dir Sorgen gemacht hast. Ich hatte noch so viel zu tun / es hatte viel Verkehr / etc.» Und jetzt lässt du sie reden und wendest das «stille Zuhören» an.

Sie sagt	Dein Werkzeug
«Wie konntest du das tun?!»	Sie ist enttäuscht und verletzt, weil sie etwas anderes erwartet hat. Nimm sie in deine Arme und sage ihr: ✓ «Es tut mir sehr leid. Sicher bist du wütend/verletzt/ traurig.» Und jetzt lässt du sie reden und wendest das «stille Zuhören» an.

Und denke immer daran, warum du das alles machst:

A) Weil du sie glücklich(er) machen willst und selber auch glücklich(er) sein möchtest.

B) Weil du so oft wie möglich gute Stimmung, Anerkennung und guten Sex von ihr willst.

Sie sagt	Dein Werkzeug
«Warum bin ich dir nicht wichtig?»	Sie fühlt sich verletzt und einsam, weil sie den Eindruck hat, dass alles andere in deinem Leben wichtiger ist als sie. Nimm sie in deine Arme und sage ihr: ✓ «Aber du bist doch das Wichtigste in meinem Leben. Lass uns heute/morgen etwas Romantisches tun. Ich organisiere etwas.» Organisiere sofort etwas. Zum Beispiel: ✓ Auswärts essen gehen ✓ Zuhause bei Kerzenlicht essen ✓ Gemeinsam ein Glas Wein (oder Saft) trinken und genießen ✓ Eine romantische Massage mit anschließend gutem Sex.

Sie sagt	Dein Werkzeug
«Warum hörst du mir nie zu?»	Sie ist enttäuscht, weil sie sich nicht wahrgenommen fühlt. Sage ihr: ✓ «Du hast recht. Es tut mir sehr leid. Manchmal höre ich nicht zu, weil ich zu sehr abgelenkt bin. Das ist nicht gut.» Und jetzt lässt du sie reden und wendest das «stille Zuhören» an.
«Wie soll ich wissen, was in dir vorgeht? Nie sprichst du mit mir darüber.»	Sie ist traurig, weil sie dir gerne helfen würde (ein Frauensyndrom). Nimm sie in deine Arme und sage ihr: ✓ «Ja, du hast recht. Es ist gar nicht so einfach für dich.» Und jetzt lässt du sie reden und wendest das «stille Zuhören» an.

Sie sagt	Dein Werkzeug
«Machst du dir überhaupt noch etwas aus mir?»	Sie befürchtet, dass du sie nicht mehr liebst. Nimm sie in deine Arme und sage ihr: ✓ «Das tut mir sehr leid, dass ich dich verunsichere. Natürlich bist du mir extrem wichtig. Ich liebe dich!» Halte sie für eine Weile fest in deinen Armen. (Länger als zehn Sekunden!)

Und denke immer daran, warum du das alles machst:

A) Weil du sie glücklich(er) machen willst und selber auch glücklich(er) sein möchtest.

B) Weil du so oft wie möglich gute Stimmung, Anerkennung und guten Sex von ihr willst.

Oft scheitert eine Beziehung, weil die Partner einander nur das geben, was sie selbst wollen – aber nicht das, was der andere bräuchte.

Was meinen Frauen?

Ich habe Frauen zwei Fragen gestellt und spannende Antworten erhalten. Die Fragen lauteten wie folgt:

1. Was stört dich an Männern (oder an deinem Partner) am meisten?

2. Was wünschst du dir am allermeisten von einem bzw. deinem Mann?

Weiter unten findest du alle Antworten. Aber was ist das Fazit? Hier kommt es:

Wende die Werkzeuge in diesem Buch an, und du machst die Frauen glücklich. Wenn die Frau glücklich ist, ist es auch der Mann, denn dann kriegst du das, was du brauchst und willst – das, was du dir wünschst. So einfach ist es.

Hier die Antworten aus der Umfrage

1. **Was stört dich an Männern (oder an deinem Partner) am meisten?**
   - Am meisten stört mich bei meinem Freund, dass er nie sagt, wenn ihn etwas stört oder er eigentlich etwas anderes möchte.
   - Wenn die Kommunikation stottert oder fehlt. Dass ich diejenige bin, die ständig das Gespräch suchen muss, um die Beziehung irgendwie am laufen zu halten. Und dass er

immer irgendeine Ausrede findet, um nicht über die Probleme in der Beziehung reden zu müssen.
- Wenn er mir keine Wertschätzung schenkt, mir nicht zuhört und mich nicht wahrnimmt.
- Dass ich mich nicht zu 100% auf meinen Mann verlassen kann. Die komplette Verantwortung von A bis Z liegt bei mir, und ich muss immer an alles denken. Egal, wen oder was es betrifft. Und dass er sich drückt, wenn ich ihn darauf anspreche.
- Bequemlichkeit, Langweile.
- Am meisten stört mich, dass mein Partner wichtige Angelegenheiten immer nach hinten schiebt.
- Dass man vielfach nicht die Dankbarkeit und Wertschätzung spürt, für das, was man als Familienfrau alles leistet! Wenn es angesprochen wird, bessert es für kurze Zeit.
- Sich vor sachlichen Diskussionen drücken und bei einem Streit aus dem Staub machen.
- Mich stört es bei meinem Mann sehr, dass er nicht mit mir kommunizieren kann.
- Mich stört es sehr, dass Männer oft einfach nicht zuhören.
- Dass es leider immer selbstverständlich ist, dass ICH immer alles manage und handle.
- Dass vieles nicht aufgeräumt wird, alles eher auf morgen verschoben wird und ich es

dann alleine erledigen muss.
- Dass der Zahncremedeckel offenbleibt. Dass mein Mann oft meint, er hat recht. Dass mein Mann zu oft an Sex denkt. Dass seine WC-Sitzungen immer so lange dauern.
- Dass ich oft unterschätzt werde und nicht wichtig scheine.
- Das Schweigen anstatt über Probleme zu reden. Wenn ein Mann denkt «Oh, sie kommt schon klar» und er nicht bereit ist, sich zu entschuldigen oder ehrlich sagen kann, was ihn stört.
- Die Unverbindlichkeit. Wenn er so nach dem Lustprinzip lebt und macht und nimmt, worauf er grad so Lust hat.
- Es stört mich, wenn mein Mann immer sofort einen Lösungsansatz bringt.
- Dass eine Beziehung für Männer allzu schnell zur Gewohnheit wird und sie sich keine Mühe mehr geben.

2. **Was wünschst du dir am allermeisten von einem Mann?**
    - Dass ich mich sicher und geborgen fühle
    - Eine herzliche und auch gesprächige Beziehung, wo man miteinander reden kann, bevor Probleme entstehen, die man alleine fast nicht mehr bewältigen kann.
    - Wertschätzung.
    - Ehrlichkeit ist mir sehr wichtig. Und dass

ich mich in allen Belangen auf den Mann verlassen und auch mal was abgeben kann.
- Respekt, Manieren, Hilfsbereitschaft, aktiv sein, Kreativität.
- Ich wünsche mir am allermeisten Akzeptanz, Ehrlichkeit, Humor, viel Liebe und Kuscheleinheiten.
- Dass er mich auf Händen trägt und mir das Gefühl gibt, dass ich etwas Besonderes bin!
- Ehrlichkeit.
- Einen fürsorglichen Ehemann und einen guten Freund, der mich versteht und nicht nur verspricht, sondern auch was ändert, was unsere Beziehung betrifft.
- Dass er sich für mich interessiert und mir zeigt, dass ich ihm wichtig bin. Nicht nur, dass er es sagt, sondern ich es auch spüre.
- Dass er mich auffängt, wenn ich mal schwach bin oder keine Kraft mehr habe. Dass er ein guter Freund ist und viel kuschelt.
- Etwas mehr Wertschätzung und Aufmerksamkeit, die nicht grad mit Sex verbunden sind.
- Dass er mich auf Händen trägt, ich mit ihm lachen kann, wir gute Gespräche führen können, blindes Vertrauen, bedingungslose Liebe.
- Wertschätzung und Dankbarkeit.
- Ich wünschte mir Ehrlichkeit, Gentleman-

Verhalten und anstatt Geschenke, dass er mir seine Zeit schenkt, wenn ich ihn brauche.
- Respekt und sich auf Augenhöhe begegnen.
- Ich wünsche mir Respekt, so wie ich ihm diesen auch entgegenbringe.
- Ich wünsche mir, dass er mir zuhört und sich mehr in meine Gefühle hineinversetzt.
- Dass Männer nicht aufhören sollten, den Frauen die nötige Aufmerksamkeit zu schenken.

Schlusswort und Glückwunsch

Herzlichen Glückwunsch. Du hast das wertvollste Buch durchlaufen, das es überhaupt gibt. Und nun weißt du, wo du jederzeit nachschlagen kannst und hilfreiche Werkzeuge findest, die du ganz einfach in deinem Alltag integrieren kannst. Genieße deine glückliche Beziehung und dein harmonisches Familienleben. Ich freue mich sehr für dich!

Und denke immer daran, warum du das alles machst:
A) Weil du sie glücklich(er) machen willst und selber auch glücklich(er) sein möchtest.
B) Weil du so oft wie möglich gute Stimmung, Anerkennung und guten Sex von ihr willst.

Hier findest du mich

www.SandraLilianaSchmid.com

Quellennachweis

Inspirationen durch

- Persönliche Erfahrungen und Beobachtungen aus Beratungsgesprächen
- John Gray: *Männer sind anders. Frauen auch.*
- Christian Bischoff
- Vera F. Birkenbihl
- Dissertation R. Tanner-Berger unter der Leitung von Prof. Dr. med. Remo H. Largo, Zürich 2015
- Frauen gehen immer häufiger fremd (alle Seiten abgerufen am 3.1.2017):
  - http://www.huffingtonpost.de/2015/10/19/gruende-warum-frauen- fremdgehen_n_8329424.html
  - http://www.seitensprung-fibel.de/expertenrat/untreue/sind-frauen-untreuer-als-maenner.php
  - http://www.fitforfun.de/sex-soul/sex-coach/affaere/untreue-frauen-gehen-haeufiger- fremd_aid_7032.html

- Bilder:
  - Private Bilder
  - Pixabay.com
  - Shutterstock.com

DAS Buch für die FRAU
Wie aus deinem Frosch dein Prinz wird

Erhältlich als Taschenbuch, als eBook und als Kindle-Edition. ISBN 978-3-7448-3474-2

Dieses Buch zeigt mit wertvollen Anleitungen ganz genau auf, wie die Frau in ihrer Beziehung endlich Zuneigung, Anteilnahme, Zugehörigkeit, Sicherheit, Wärme, Verständnis, Anerkennung und Wertschätzung erhält. Wie Mann und Frau sich in ihrer Partnerschaft wieder näherkommen, sich austauschen, die schönsten Momente miteinander teilen, füreinander da sein und sich gegenseitig spüren können.

Die Summe unseres Lebens sind die
Stunden, in denen wir liebten.
Wilhelm Busch